J. NOBILLEAU

SÉPULTURES

DES

BOUCICAULT

EN

LA BASILIQUE DE SAINT-MARTIN

1363—1490

TOURS

IMPRIMERIE LADEVÈZE

M DCCC LXX III

LES
SÉPULTURES

DES

BOUCICAULT

NOBILLEAU

SÉPULTURES

DES

BOUCICAULT

EN

LA BASILIQUE DE SAINT-MARTIN

1363—1490

TOURS

IMPRIMERIE LADEVÈZE

M DCCC LXX III

L'opuscule que nous publions est le miroir des sentiments d'une noble et patriotique famille. Bourgeois de Tours à cette époque, les miens, n'ont jamais failli pour la défense des idées libérales. C'est un devoir pour nous d'affirmer cette opinion. A ma province je dédie ces lignes, à la France, ce souvenir.

Tours, vingt-cinq mai 1873.

I

Nous réunissons dans ce mémoire les documents relatifs aux fondations et legs que l'illustre famille le Meingre-Boucicaut fit au chapitre de Saint-Martin. Nous en avons recueilli aux archives d'Indre-et-Loire, l'origine et la succession, lesquelles sont consignées dans *l'Inventaire analytique des titres concernant les chapelles réunies à la Fabrique de la Collégiale*, en 1744. Ces documents sont le résumé *in-extenso* de pièces, malheureusement perdues , (pages 161 - 168) dudit inventaire.

Cette somptueuse munificence causa une grande joie parmi les chanoines, et Monsnier, qui écrivait

vers 1620 sa précieuse histoire de la Collégiale (*His-
toria celeberrimæ et insignis ecclesiæ Beatissimi Martini Turonensis, auctore Radulpho Monsnier hujus ecclesiæ canonico* (*M* de la bibliothèque municipale de
Tours*), relate ainsi le sentiment de ses prédécesseurs, au sujet du plus illustre de tous les chanoines honoraires de cette époque, le maréchal
Jehan le Meingre Boucicaut, second du nom.

« Insigne sæculum ingrediens. Ecclesiæ nostræ
« inter alia acta memorandum, ob res eximias, fere
« toto ejus decus in Basilica et pro Basilica sancti
« Confessoris gestas, tam a regibus, principibus,
« quam a proceribus magnatibus sexus utriusque.
« imprimis enim *ineuntis januarii mensis initio anni*
« mcccc, nobilissimi Joannis le Meingre Bocicaldi,
« hujus nominis secundi. Capitulum nomen accepit.
« Franciæ marescallius et Reipublicæ Genuensis
« optimus Gubernatori. Pietas exituit, erga domi-
« num patrem defunctum suum atque marescallum
« Franciæ, pro cujus salute interest, voluit missæ
« et officia mortuorum, qui, Canonicis, ejusdem
« ecclesiæ pro apparatu et pompa celebrari magnifi-
« cis sumptibus suis cantari curavit. »

(Monsnier, tome 1er, page 268.)

Aussi les chanoines, pleins de reconnaissance, lui décernèrent une prérogative inouïe, celle de chanoine d'honneur de la Collégiale, sans aucune prébende et à titre viager (17 août 1406), jour où le chapitre enregistrait par acte capitulaire la fondation de l'anniversaire de sa mère et du sien. Jean le Meingre, depuis cette époque, se fit homme lige de Saint-Martin, portant à son chaperon la médaille du grand thaumaturge des Gaules. Le portrait de cet illustre guerrier se trouve dans la collection des cuivres que Claude Ménard, historien de l'Anjou fit graver pour son ouvrage intitulé *Pandectæ rerum Andegavensium*, livre encore inédit. Le manuscrit est à la bibliothèque municipale d'Angers, nº 870, et les cuivres, au musée archéologique de cette ville.

Dans les dispositions de Jehan le Meingre, en 1363, nous voyons la famille ainsi composée: *sa femme, Florye de Lynières, dame d'Etableaux, qui vivait encore en 1406*, où elle fonda son anniversaire dans la chapelle du Chevet, en la basilique de Saint-Martin, où reposait son mari. *Chalmel assigne à sa mort la date de 1376*, et je vois en cela *l'année de la construction du mausolée.* Il n'y a rien d'étonnant à la longue vie de la veuve du maréchal. Celui-ci s'étant marié dans un âge assez avancé, il naquit vers 1310, son fils aîné, comme lui maréchal de France en 1391, âgé de vint-cinq ans, a dû naître vers 1364. Nous voyons l'oncle de ce dernier *Geoffroy, évêque de Laon, et sa sœur Jeanne Milliers, dont la fille épousa un membre de la famille de Langon, et se nomme Isabeau Jéhan avait une autre sœur mariée à un membre de la famille de Martrey, dont le fils est mentionné dans ses dispositions testamentaires.* A peine un siècle passé, cette famille s'éteignait, laissant un souvenir glorieux dans notre histoire, et chose remarquable, notre province compte à peine aujourd'hui quelques familles de cette brillante époque où la Touraine était le séjour de nos rois.

Nous devons maintenant signaler les dispositions de cette fondation qui fit ériger en chapelle funéraire le sanctuaire de Notre-Dame-du-Chevet. A cette époque *Jehan le Meingre donna à cette chapelle plusieurs héritages situés sur les communes d'Azay-le-Rideau, Cheillé et Rivarennes, qui lui furent léguées en* 1361. A la fin du quinzième siècle, les chanoines avec les revenus achetèrent successivement, pour le réunir à ce bénéfice : *les métairies des Boucheries, commune de Vallières*, 1484, *et celle de Bordebure*, 1694, *commune de Truyes*. Mais celui qui fut l'un des plus grands bienfaiteurs de ce sanctuaire est Pierre Nicéron, Doyen du chapitre en 1504. Ce fut lui qui mit cette chapelle en bénéfice, les revenus de 40 livres qu'ils étaient, s'élevèrent, en 1509, à 377 livres 10 sols. Dans la suite il y eut encore quelques acquisitions de *moulins à blé et à foulon sur l'Indre, situés paroisse de Montbazon*, 1625. Ce vénérable sanctuaire, *dont le chapelain habitait* (1622) *la rue du Godet*, menaçait ruine en 1667, grâce à la négligence des bénéficiers. C'est à cette époque que furent réunis douze des sanctuaires de Saint-Martin à la fabrique de la Collégiale, et en 1744, les revenus furent convertis en prébendes pour l'entretien de trois nouveaux musiciens.

II

II

II

Le seize novembre 1363, Jehan le Meingre Boucicault, maréchal de France, fondait son anniversaire et une messe en l'honneur de la Vierge et de
saint Martin, en la chapelle du Chevet de la Basilique de Saint-Martin, et la dotait de cent sous de
rente, assise sur une maison située à Tours, en le
fief du bourg de Saint-Pierre-le-Puellier, au Car-
roy des Chapeaux.

Le fondateur voulait que cette chapelle fût desservie dans le sanctuaire de Notre-Dame-du-Che-

3

vet, en la basilique de Saint-Martin, et que les chapelains fussent tenus d'y chanter ou d'y faire chanter une messe chaque jour :

Le mardi spécialement pour *le roy de qui il tient ses biens et honneurs.* Le samedi, jour de Notre-Dame, pour lui et ses parents ; le même, le jour des Morts, les dimanches et fêtes solennelles. Durant sa vie excepté, chàque jeudi, serait une messe du Saint-Esprit, et après sa mort, pour le repos de son âme, de ses parents, amis et bienfaiteurs.

Le dit Jehan se réservait le droit de patronage et de présentation pendant sa vie ; à sa mort, ce droit revenait :

1° A ses enfants, gendres et ceux issus de légitime mariage en ligne directe ;

2° Si ils venaient à manquer, à Geoffroy le Meingre, son frère, évêque de Laon (1363-1370), à messire Jehan deMartrey, son neveu ;

3° A défaut de ceux-ci, à madame Jeanne Milliers, sa sœur, et à sa nièce Isabeau de Langon ;

4e Si ceux-ci venaient à décéder sans héritiers, le Chapitre jouirait de la collation de ce bénéfice.

A ces conditions, il élit sa sépulture et son anniversaire dans la dite chapelle et donne, pour son inhumation, *une rente de* ɔ *sols* VII *livres*, et II *sols* à prendre sur la moitié du droit de péage qui lui revenait comme Gouverneur de Tours, confirmé par son fils, 1392, et ordonne que son anniversaire soit célébré annuellement et perpétuellement avec vigiles, et la messe avec notes et musique.

Dans la suite, sa veuve épousa (1375) Jéhan Mauvinel, chevalier. Le père Anselme donne au premier maréchal Boucicaut, un troisième fils nommé François. S'il en était ainsi, Etienne Boucicaut, évèque de Grasse (1604-1624), serait un de ses descendants.

III.

Le vingt may 1371, le roi Charles V octroie, à la requête de Florye de Linière, dame d'Etableaux, fille de Gondemar, baron de Linières et de Marguerite de Pressigny, sa seconde femme, veuve du dit Jehan le Meingre Boucicault, maréchal de France, des lettres patentes, qui établissent que le roi Jean, son père, avait amorti au maréchal cent livres de rente pour la fondation de deux chapelles : *La première dotée de cinquante livres de rentes, en la Basilique de Saint-Martin,* en laquelle il est ensépulturé ;

l'autre ou l'église de Chaumussay, qui a une rente de *trente livres*, les vingt qui restent étant converties à l'usage de l'église pour le salut de son âme.

Les dites lettres patentes déclarent que les chapelles sont suffisamment dotées, et que le dit maréchal avait légué au dit chapitre xii livres x sols de rente pour célébrer son anniversaire annuellement et perpétuellement, et qu'elles fussent prises sur les cent livres amorties par le roi Jean, le surplus devant être converti en œuvres de miséricorde.

Le chapitre de Saint-Martin avait, à cette époque, pour doyen Guy, cardinal de Boulogne, oncle maternel de Jean de France, duc de Berry, qui jouit de cette dignité de 1352-1373 époque de sa mort, et pour trésorier Guy Lambert, lequel remplit ces fonctions de 1360-1382.

Le dessin de la tombe du second des Boucicaut se trouve à la bibliothèque de la rue Richelieu, dans le volume lxxvi, page 308, fonds Baluze. Ces notes et ces renseignements proviennent de cet érudit consciencieux, qui, pendant quatre années (1710-1713), recueillit dans les riches archives du Chapitre et de Marmoutier une foule de pièces intéres-

santes pour notre province. Ces copies sont conser-
vées dans les volumes de sa collection, LXXVI,
LXXXIV et CCLXXXIII. Il serait à désirer que la So-
ciété archéologique de Touraine en fit exécuter un
inventaire analytique comme celui qué M. Mabille
a fait pour le fonds de Dom Housseau, publié aux
frais de cette Compagnie.

4

IV

IV

Le vingt-cinq mars 1406, Madame Florye de Linière, dame d'Etableaux, maréchale de France,
fondait son anniversaire, pour lequel *elle donne
une somme de mille écus d'or au coin du roi, à 22 livres 65 sols tournois pièce,* pour être convertis par le
Chapitre en acquisition de rente et revenus, laquelle somme doit entretenir le dit chapitre, de
vêtements, calices et autres choses nécessaires.

A ces motifs, elle fonde, pour l'honneur de Dieu,
de la Sainte Vierge Marie, de saint Martin, et de
tous les saints et saintes du Paradis, pour le salut
de son âme, et celui de ses père et mère, époux et

enfants, parents et amis, son anniversaire solennel.
Le Doyen, Trésorier, et Chapitre de Saint-Martin
sont requis de chanter, ou de faire chanter une
messe solennelle du Saint-Esprit, au grand autel,
avec toute la grosse et solennelle sonnerie de l'é-
glise. Au jour et heure, à laquelle messe sera distribué des deniers et revenus de l'église, la somme
de xv livres, à la réserve pour chaque vicaire présent à la messe, la somme de xii sols, et pour chaque choriste v sols.

Après le décès de la dite dame, cette messe serait convertie en un anniversaire solennel, avec vigiles et commémoration des morts, et avec la même
sonnerie et distribution. Il était stipulé que cet anniversaire serait chanté, en la chapelle de Notre-
Dame-du-Chevet, en la basilique de Saint-Martin,
en laquelle repose son dit seigneur et époux. A pareil jour que celui auquel elle décéderait, elle élit
sa sépulture en la dite chapelle.

Dans la même fondation, il est à la charge des
dits chanoines, qu'en la dite chapelle seraient cé-
lébrées trois messes, les lundi, mardi et vendredi
de chaque semaine, toutes messes du Saint-Esprit

pendant qu'elle vivrait ; et à son décès, ces messes seraient de *Requiem,* avec collecte et commémoration des morts, excepté si ces jours étaient des fêtes solennelles.

Nous donnons le texte des épitaphes qui se lisaient autour de ces monuments funéraires.

Cy gist feu noble chevalier
Messire Jehan le Meingre Bouciquault le Père
Qui trespassa à Dijon le xv⁰ jour de mars
MCCCLXXII
Cy gist noble dame Florye de Lynières
Fême dudict maréchal, laquelle trespassa
En son chastel du Breuil-Doré.

Nous ferons remarquer l'inexactitude de Chalmel pour la date du décès de Florye de Linières, qui vivait encore en 1406, époque où elle fonda son anniversaire. Voici maintenant l'épitaphe qui se lisait autour du mausolée de son fils.

Cy gist
Antoinette de Beaufort,
Vicomtesse de Turenne fême de
Messire Jehan Bouciquaut
Laquelle trespassa le
xiv jour de juillet
MCCCCXVI

Cy gist noble chevalier
Messire Jéhan le Meingre
Bouciquaut le fils Maré-
chal de France grand cones-
table de l'empereur et de
L'empire de Constantinople,
Gouverneur de Jeunes pour
le Roy, comte de Beaufort, de
Clux, d'Alet et vicomte de
Turenne lequel trespassa
En Angleterre, illec estant
Prisonnier le xxv juing
MCCCCXXI

Dans cette même chapelle étaient inhumés leur
fils Jean, mort à vingt ans à la bataille d'Azincourt
seul héritier de l'immense fortune que le maréchal
tenait du chef de sa femme, qui ne put survivre à
ce malheur. Dans la suite, Geoffroy, frère de Jean,
et les deux fils qu'il eut de son second mariage avec
Isabeau de Poitiers, Jean mort à Tours en 1484, et
Louis, gouverneur du Dauphiné, comme son père,
mort à Avignon en 1490, y eurent leur sépulture.
En eux s'éteignit cette glorieuse famille. Nous ver-
rons qu'ils furent aussi généreux que leurs ancêtres
pour la Basilique.

Maintenant voici en quels termes s'exprime Raoul Monsnier au sujet de l'inhumation du premier des Boucicaut dans la chapelle qu'il avait si somptueusement dotée.

« Per hæc tempora admodum floruit nobilis et
« prudens Joannes le Meingre dictus Boucicaldus,
« patria Turonensis, primus parens, caput et origo
« totius illustris familiæ. Postea MCCCLXVI ipso
« denique apud Burgundiæ urbem sabbato circa
« illud annum corpus ejus adventum in ecclesiam
« Sancti Martini in qua sepulturam eligerat ibidem
« *in sacello Beatæ Mariæ de Capite quod ad caput*
« *ecclesiæ* sit conditum fuit a parte dextra ingressus
« in illud sacellum. »

(Monsnier, tome 1er, page 263).

Nous trouvons encore une fois Chalmel, historien de notre province, se trompant sur la date du décès de Jéhan le Meingre Boucicaut, le père, qui mourut à Dijon. Cet écrivain donne le XV mars 1372. Nous doutions de son exactitude, en défaut en bien des circonstances, et il résulte, *du compte*

5

de Huet Hanon, Trésorier du duc de Bourgogne, Phi-
lippe le Hardi, que les obsèques du maréchal eurent lieu
le X mars 1368. N. S. A cette cérémonie, étaient
présents le duc de Bourgogne, le sire de Craon,
Loys de Bueil, et un grand nombre de chevaliers
des provinces voisines de la Touraine. Le corps,
dirigé sur Nevers, descendit la Loire jusqu'à Tours,
et fut inhumé à Saint-Martin.

Voici le document qui rectifie la date du décès de
Jéhan le Meingre Boucicaut :

« A messire Elies de Lanthenay, prestre, chap-
« pellain de la chappelle, la somme de xx livres
« pour distribuer aux chapitres et religieux de la
« dicte ville de Dijon, *lesquels ont été à l'obsèque*
« *de messire Boucicaut, maréchal de France,* par man-
« dement de Mgr le duc. »

« Donné à Dijon le x mars mccclxvii (ancien
« style.) »

(Arch. de la Côte-d'or Compte de Huet Hanon, trésorier
du duc, registre du 1er mai 1367 à 1368 de la même époque,
folio xlvi, verso).

V

Le dix juin 1406, Jean le Meingre Boucicaut second du nom, maréchal de France, gouverneur de Tours, légua *quatre mille livres au Doyen,* Trésorier et Chapitre de Saint-Martin de Tours, pour son anniversaire, *comme l'avait fait, depuis peu, madame sa mère,* et fondait en cette même chapelle l'anniversaire de sa femme, donnant vêtements, calices et choses nécessaires.

A ce prix, il fondait cet anniversaire en l'honneur de Dieu, de la sainte Vierge Marie, de saint Martin, avec commémoration des morts, pour le salut de son âme et de celui de son épouse. Chaque jour devait être célébrée une messe canonicale en musique, au Grand Autel, et il y serait distribué la somme de XVI livres aux membres du chapitre, VI livres aux choristes, XII sols pour chaque vicaire, et à chaque choriste présent VI sols. Après son décès, cette messe devait être convertie en anniversaire solennel, avec vigiles, sonneries et même distribution. La messe devait être chantée en sa chapelle, à pareil jour auquel il serait décédé, pour le salut de son âme et celui de son épouse, de ses parents, amis et bienfaiteurs.

Il veut que sa chapelle soit bien et convenablement desservie, et qu'à la charge des dits chanoines de l'église de Saint-Martin, en la chapelle de Notre-Dame-du-Chevet de la Basilique, où repose le corps de son très-cher seigneur et père, et en laquelle il veut aussi sa sépulture. *Tous les jours une messe soit célébrée à l'aube du jour. C'est au son d'une des trois grosses cloches de la Basilique et avec quarante ou cinquante coups afin que les bonnes gens y puissent venir,* savoir : Le jeudi de chaque semaine, jour du Saint-Esprit, *pour le Roi de qui il tient tous ses biens et honneurs.* Le samedi, messe de la Vierge, avec commémoration des Morts, pour lui, sa femme, ses parents et amis, et qu'il en soit de même le dit jour des Morts. Durant sa vie, il veut que la messe du mardi soit du Saint-Esprit pour lui, sa femme et ses amis, et il lègue une rente de IV livres pour celui qui la dira, au jour de son anniversaire après sa mort.

Enfin toutes les fois que le Doyen, Trésorier et Chapitre de Saint-Martin de Tours iront en procession devant le Chef de saint Martin, comme ils ont coutume de le faire entre vêpres et complies, ils devront au retour, faire, en sa chapelle, commémoration des morts, et y chanter le psaume *de Profundis*, l'antienne *Subvenite*, et réciter la collecte pour le repos de son âme, de celle de son épouse, pour le salut de tous ses parents et amis. L'acte de fondation de sa mère et le sien, signé et scellé de son sceau, insérés dans les registres capitulaires en date du dix-sept août de cette même année. Mais il paraît que si le Chapitre de Saint-Martin acceptait tous ces dons, il se souciait fort peu de remplir ses engagements, aussi le maréchal, quelques années plus tard, écrivit aux chanoines; cette

curieuse missive malheureusement, n'est point da-
tée, nous la croyons être de la première année du
quinzième siècle.

Mes très-chiers et honorés Seigneurs,

« Je me recommande à vous tout comme je puis,
« en vous mercie de tout mon cuer, por la bonne
« expédition que fistes à mon chappelain, messire
« *Jéhan Moriet*, en la matiere por laquelle je l'avais
« dernierement mandé devers vous. Au surplus
« Meseigneurs por ce que j'ay esté mandé par mes
« seigneurs et amys, qui sont avecque le Roy, que
« a toute dilligence je y envoye por y estre, avant
« que partir du pais de par de là, chose qui je l'es-
« père en Dieu sera à mon grant bien et honneur.

« De quoy, je crois que vous ne serriez pas cour-
« roussés et, par ce que ma dicte haste, je me suis
« faict persuader, voir et dire avant mon dict sei-
« gneur. Je le vous dis par lettres, en recomman-
« dant toujours en vos bonnes et devotes prieres,
« *les ames de messeigneurs mes devanciers enterrés en*
« *vostre eglise et les aultres aussy.* Moy tant que j'y
« puis m'y recommande, vous priant aussy, comme

« je suis tenu en conscience de ce faire, que icy,
« en aiant vous plaise donner ordre, *que le service*
« *qui ne s'y est faict de long tems, en la forme que*
« *faire se doict*, et, que vous y estes obligés.

« C'est à sçavoir, *la messe à nottes de monseigneur*
« *mon père*, à qui Dieu par sa grace vueille pardou-
« ner. Que ce fasse et accomplisse d'icy en aoust,
« *Monsieur de la Bardillière* qui vous en parlera de
« par moi, vous prie d'adjouter foy et créanse
« comme feriez à moi, et par luy m'en faire res-
« ponse, telle que de plus en plus, vous m'oblige-
« riez. Moy affectionné à vous et à vostre église.

« J'ay espérance en Dieu, que en ce faisant, vous
« ne vous en repantiez poinct, et que cognaistiez
« et verriez mon bon vouloir par effect. Aussy, vous
« prie avoir mémoire, *de Maistre Thomas Panisson*,
« procureur au Parlement, tant et si longuement
« je vous requis.

« A tous mes très-chiers et honorés seigneurs,
« je prie Nostre Seigneur, qu'il vous doint bonne
« vie et longue. »

Escript à Bórges, le xxvie jour d'apvril.

Le tout vostre,

BOUCIQUAUT.

6

Au-dessous est inscript « A nos très-chiers et
« honorés seigneurs, Messeigneurs, Doïen, Tré-
« sorier et Chappitre de Monseigneur sainct
« Martin de Tours. »

Baluze, vol. LXXVI, page 126.

VI

VI

Le huit décembre 1407, Geoffroy le Meingre Bouci-caut, frère du maréchal, chambellan du roi, fondait aussi son anniversaire en la dite chapelle où repo-saient déjà son père et sa très-chère amie et com-pagne Constance de Saluces, en laquelle église il espérait aussi reposer.

A ces causes, il fonde deux anniversaires solen-nels, avec chapelle et commémoration des morts pour le salut de son âme, de sa femme, parents, amis et bienfaiteurs. Pour laquelle fondation, il lègue au Doyen, Trésorier et Chapitre de Saint-Martin, *milles livres tournois d'écus d'or à la couronne*, *au coin du roi, à* XXII *livres* VI *sols pièce,* pour employer la dite somme en acquisition de rentes et revenus au profit de l'église. Il lègue ce *livres* pour faire le service, la première année de son anniversaire solennel, à charge, par le Chapitre, de fournir à sa chapelle tous les ornements de prêtre, diacre et sous-diacre, parements d'autel beaux et riches, et vêtements pour les grandes fêtes. L'énumération de ce qu'il légua dispensait présentement le chapitre de se préoccuper de cette dernière formalité.

I. Ung vêtement de velours cramoisy, de satin renforcé.

II. Pour les dimanches, ung autre vêtement, savoir : chasuble, diacre et sous-diacre, garnis d'aubes, d'étolles, parements d'aultel, le tout d'écarlat doublé de blanc.

III. Ung vêtement, pour les morts, de satin noir doublé de tiercelais.

IV. Ung Missel noté, ung Graduel, ung Épistolaire et ung Évangéliaire.

V. Huict carreaux echicquetés de blanc et de vert, dont deux pour mettre sur l'autel.

VI. Ung drap mortuaire en satin renforcé ,

croisé de noir et de blanc, doublé de bougran, et armorié aux armes de Boucicaut-Saluces.

VII. Ung très-beau calice avec sa plataine d'argent doré et esmaillé pesant quatre marcs un once.

VIII. Ung très-beau relicquaire d'argent doré, auquel est un angelot tenant une relique sous verre, enchâssé en or, serti de quatorze perles; le tout pesant treize marcs six onces.

IX. Ung esmail d'or pour mettre au devant de la chappe, entouré de soixante-douze perles, pesant trois onces et demie.

X. Une paix en argent du poids de quatre onces et ung gros.

XI. Deux burettes d'argent doré pesant ung marc.

XII. Deux chandeliers d'argent doré pesant deux marc cinq gros.

XIII. Ung bénitier et son aspersoir, le dit bénitier doré en dedans et en dehors, le tout du poids de dix marcs.

XIV. Une campane ou clochette d'argent doré du poids de un marc, trois onces, trois gros.

XV. Deux plats d'argent doré pour laver les mains du prêtre, pesant sept marcs deux onces.

Le dit Geoffroy fonde un anniversaire le jour où
sa femme serait décédée, les dits chanoines chan-
teraient, ou feraient chanter annuellement et perpétuellement la messe des morts au Grand Autel,
avec la grande sonnerie de l'église, auxquels se-
ront distribués des revenus et dîmes de l'église,
la somme de XVI livres à la réserve pour chaque
vicaire présent à cet anniversaire XII sols, à
chaque chapelain VI sols, et le reste aux chanoines présents à cet anniversaire. Après la messe,
le prêtre, le diacre et le sous-diacre et tous ceux
qui y auront assisté iront sur la sépulture de son
épouse dire le *Subvenite*, le psaume *De Profundis* et
l'oraison des *Trépassés*, et ce, à pareil jour qu'il
décéderait, à chacun an avec solennelles vigiles,
aumônes et distributions, et sera chanté *De Profundis*
sur sa sépulture pour le salut de son âme, celle de sa
femme, de leur amis, parents et bienfaiteurs.

Le dit fondateur veut que la chapelle soit desservie convenablement à la charge du Chapitre de la
dite église, et à ce motif, il y élit sa sépulture et celle
de son épouse, mais il n'y sera fait aucune autre sépulture sans son consentement ou celui des siens.

Dans cette chapelle, il pourra y faire peindre ses armes, et élever sa sépulture et celle de sa femme, comme bon lui semblera. Dans la dite chapelle, il y sera perpétuellement célébré une messe de *Requiem à diacre et sous-diacre qui sera chantée, durant la pulsation de Primes, par treize personnes,* chanoines, vicaires ou chapelains du chapitre, excepté les dimanches et aux fêtes doubles et solennelles. *La messe, alors, serait célébrée avec pompe et commémoration des morts, à la charge par le chapitre de fournir deux cierges allumés pendant la messe, et une torche pour l'Élévation. Laquelle messe sera sonnée par IX ou X coups, afin que les bonnes gens puissent venir l'entendre,* et après qu'elle sera célébrée, le prêtre et ceux qui auront aidé à la chanter iront, sur la sépulture de son épouse et la sienne chanter un *Libera*, un *De Profundis* et une oraison pour les morts.

7

VII

VII

Le chapitre de Saint-Martin accueillit favorablement cette munificence et l'enregistra par acte capitulaire en date du onze février 1408 (nouveau style). A cette époque, le Décanat était occupé par Nicolas d'Orgemont, dit le Boiteux, 1382-1416, et la charge de Trésorier, par Matthieu Regnault, physicien et médecin de Louis, duc d'Orléans et de Touraine, qui occupa ce poste de 1393 à 1425.

Nous voyons par accord passé avec les chanoines, le 26 mai 1408 (nouveau style), ce même Geoffroy reconnaître que le chapitre avait remis entre ses mains deux lettres obligatoires scellées de ses

sceaux et armes, relatives à la précédente fondation, rédigées l'une en français, l'autre en latin,
pour lesquelles fondations, le chapitre devait obtenir décret et consentement du Pape, à cause des
frais de la dite fondation. Geoffroy s'engageait à
rendre les dites lettres en cas qu'il obtienne le
décret. Dans le cas où le chapitre ne pourrait l'obtenir, les chanoines seraient tenus de lui rendre
la dite somme de cinq mille écus d'or avec les joyaux,
ornements, parements et autres choses que lui et ses
parents avaient légués à la Basilique; de même les
titres d'acquisition des héritages ou rentes qu'ils
avaient faits de cette somme. Quant à lui, il s'engageait de rendre au chapitre les dites lettres, ou les
copies qui pourraient en être faites, étant convenu
entre lui et le chapitre qu'au cas qu'il ne put obtenir le décret du Pape sans la participation des
chanoines, il serait tenu de même de rendre les
deux dites lettres; cependant il aurait l'option de
retenir les deux dites lettres ou de remettre au
chapitre le décret.

S'il venait à décéder pendant l'obtention de ce
décret, son intention était que *sa fondation tint en*

ses termes et vigueur, et que la dite somme de cinq
mille écus d'or et les autres choses que lui et ses prédé-
cesseurs avaient légués au chapitre lui demeurassent.
Cette clause était pour sûreté et approbation de sa
dite fondation. S'il ne pouvait obtenir le dit décret,
ses héritiers étaient non avenus pour réclamer la
dite somme de cinq mille écus d'or, ni les joyaux
légués par ses prédécesseurs, même dans le cas où
les chanoines pourraient obtenir le dit décret, et
le chapitre n'était point tenu alors de rendre aux
héritiers les dites deux lettres. La dite pièce était
signée de lui et scellée de son sceau.

Quand les chanoines de saint Martin firent, à la
fin du siècle dernier (1775-1788), dresser l'inventaire des archives de la Collégiale, le décret ne fut
pas retrouvé. Nous croyons qu'il ne fut même jamais obtenu, et voici le motif : le second maréchal
Boucicaut, vers la fin du quatorzième siècle, à une
époque précise qui nous est inconnue, obtint du
pape Benoît XIII, Pierre de Luna, de précieuses
indulgences pour sa chapelle et pour ceux qui la
visiteraient et y entendraient la messe à certains
jours de la semaine. Tout était alors pour le mieux,

mais, le maréchal ayant, quelques années plus tard, 14 mai 1403, par l'ordre du roi de France, assiégé ce même Pape dans Avignon, ayant mission de l'arrêter et de l'emmener prisonnier, ce qui n'eut lieu, le pontife s'étant enfui, en ressentit un vif mécontentement, animosité que ses successeurs conservèrent toujours dans la suite pour les membres de la famille de cet illustre guerrier, oubliant qu'il était seulement l'exécuteur des ordres du roi, son suzerain, et que, d'après les lois féodales, il ne pouvait se récuser. Le maréchal se dévoua entièrement, et remplit si bien la mission que le roi lui avait confié, qu'il fit vendre et fondre son argenterie pour subvenir aux frais de cette expédition. Dans la suite, son frère Geoffroy demanda le remboursement à la ville d'Avignon qui dut s'imposer de lourds sacrifices pécuniaires pour payer cette contribution de guerre.

Dans ses notes manuscrites sur l'histoire de Touraine, Dom Housseau a consigné au volume XIII, n° 6,824, la note suivante : « Le vingt-sept jan-« vier 1408, Jehan le Meingre, dit Boucicault, « maréchal de France, fonde un hôpital à Sainte-

« Catherine-de-Fierbois, sous le vocable de Saint-
« Jacques. » Ce renseignement précieux est dans les
papiers déposés à la bibliothèque de la rue Richelieu
et nous donne la date précise du reliquaire exposé
à la Mairie, cette année, n° 967. Il provient indu-
bitablement de l'hôpital et de la munificence du
noble fondateur; son origine est prouvée par l'écusson du donateur. Conservé dans l'église Sainte-
Catherine-de-Fierbois depuis la Révolution, ce
sanctuaire s'est enrichi des dépouilles de l'hôpital,
que la sollicitude du maréchal avait placé sous la
direction des Frères Mineurs Franciscains, et il
l'avait recommandé à la générosité de son frère
Geoffroy et de l'évêque de Viviers; nous donnons
l'acte de donation dans nos pièces justificatives,
pièce cotée n° 4.

8

VIII

VIII

Nous devons maintenant donner les preuves et
éclaircissements à l'appui de notre travail. Nous
avons recueilli ces documents dans l'histoire,
en partie inédite, de Monsnier, de la collégiale de
Saint-Martin, écrite en 1620.

I.

Anno sequenti MCCCCVI, in nostra Basilica
inhumavimus, nobilem et potentem virum imprimis
dominum Joannem le Meingre, hujus nominis secundum, Franciæ marescalum, Gennuæ Gubernatorem
pro rege, *decem mensis junii hujus anni per testamen-*

tum suum quod Gennua condidit sepulturam suam
in dicta Sancti Confessoris basilica eligisse, ex al-
tera parte sepulcri domini marescalli patris sui, in
sacello Beatæ Mariæ existente in capite ejusdem
ecclesiæ.

Anniversarias ibidem preces pro anima sua paren-
tum que suorum, et domina Anthonieta de Turenna
uxoris suæ pro salute fundasse. Cum celebri illa capellania quam egregie dotavit pro sacris ibi singulis
anni diebus, in aurora faciendis *missam veniæ vo-
cant*, quod indulgentias dictus dominus marescallus obtinuerit a summo pontifice, pro interessen
tibus eisdem sacris.

Die XVI mensis augusti ejusdem anni concesserunt Canonici jus sepulturæ Antonietæ de Turenna
uxori domini marescalli Franciæ dicti Boucicaut.
Sepulturam suam in capella Beatæ Mariæ Virginis
ejusdem ecclesiæ in capite, aggregaveruntque
eam participem precibus, orationibus et suffragiis
Capituli in hac ecclesia dicendis.

In die sequenti, Decano, Thesaurario et Canonicis
præsentibus, insuper dictum marescallum fundato-
rem et suum benefactorem, *canonicum honoris* ejus-

dem ecclesiæ creaverunt. In canonicum et fratrem
præsentis ecclesiæ concesserunt. Quod ipse gau-
deat et fruatur nobilitatibus prærogativis quibus
reges, principes, archiepiscopi, episcopi, comites
et barones, hujus ecclesiæ Canonici gaudent et
fruuntur in eodem modo hactenus gaudere con-
sueverunt ac etiam potiri

(Monsnier, tome Ier, page 269.)

Ce passage nous donne la date et le lieu où le
maréchal fit son testament. Ce fut à Gênes, au
moment où la sédition lui donnait peu d'espérance
de retour et lui inspirait le désir de fonder un
anniversaire et cette messe que la reconnaissance
publique désigna dans la suite sous le nom de *Messe
du Pardon*, à cause des nombreuses indulgences
qu'il obtint du pape pour le sanctuaire où déjà reposait son père. Le dernier paragraphe nous fait
connaître la manière dont les chanoines reconnu-
rent les bienfaits du maréchal en le créant chanoine d'honneur de la Basilique.

2°.

« Non longe postea, plenario tamen capitulo,

« mensis junii anniversarias preces quas anno præ-
« terito fundaverat, nobilissima domina Florida de
. « Linieris, marescalla Franciæ, et domina d'Esta-
« bleau, uxor domini Joannis le Meingre accepta
« et approbata fuerant ipsique exorata concessum,
« ut fieret particeps omnium orationum, sacrificio-
« rum, suffragiorum quæ deinceps fierent, tam pro vi-
« vis quam defunctis, in basilica sancti Confessoris
« in qua præterea fundavit capellaniam pro sacris
« per singulos anni dies faciendis in sacello ubi cor-
« pus prædicti marescalli sepultum fuerit, juxta quod
« obtinuit in sepulchro recondi. Nec longe postea
« *migrasset e vita, ibidem sepulta quievit sub hoc epi-*
« *taphio his verbis gallicis exornato. Quod epitaphium*
« *seorsum de industria reponimus cum illud ad annum*
« *supra* MCCCLXVI cum epitaphio domini marescalli
« Bocicaldi ejusdem dominæ de Linieris mariti,
« non collocavimus.

(Monsnier, tome Ier, page 270).

De ce passage, qui nous semble, comme les sui-
vants, rédigé sur les actes capitulaires eux-mêmes,
il résulte trois choses : 1° Que Florye de Linières

mourut peu après l'acceptation de son anniversaire
par le chapitre en 1406 ; 2° Que le monument funéraire qu'elle s'était préparé dans la chapelle du
Chevet n'était point terminé en 1368, époque de
la mort du maréchal ; 3° Il n'y avait de gravé sur
le monument que l'épitaphe seule de son époux
au décès de sa veuve.

3ᵐᵉ.

« Neque in his hominum adeo patentis et illus-
« tris familiæ pietas et religio erga sanctum Mar-
« tinum et ejus Basilicam conquerit, Gaufridus
« le Meingre, ve Mingrius, miles, regis Franciæ
« Caroli VI cubicularius, primus Delphinatus Pro-
« rex seu Gubernator, et marescallus Guberna-
« toris Gennuæ frater natu minor, sub anni hujus
« finem, pro omnibus aliis familiæ suæ, ecclesiæ
« sancti Confessoris quam mirat et celebrat affectu,
« locupletavit. Fundavit in ea tam pro salute *do-*
« *minæ nobilis Constantiæ Salustiarum uxoris quon-*
« *dam suæ defunctæ* quam suo animæ remedio dum
« ex hac vita migrare contingeret, anniversariis
« duobus, per canonicos, anno quolibet, in diebus

9

« eorum decantandis in capellania pro sacris quoti-
« die Primæ *in sacello faciendis, quod ab eo post*
« *dictam Constantiam primam suam uxorem inhu-*
« *mato Boucicaldorum nomen accepit.*

« Largitus est præterea colorum omnium picta
« ornamenta, et vestimenta ecclesiæ complura,
« argentea vasa, *cum eximio calice ad usum dictæ*
« *capellaniæ, et sphericum formæ auro picturis deau-*
« *rato incrustari* curavit, ut in chronicon con-
« spicitur. »

(Monsnier, tome 2me; page 271.)

Nous voyons par ce document, daté de 1406, que
Geoffroy était déjà veuf de sa première femme
Constance de Saluces, et à cette occasion fit présent à la Basilique, pour la chapelle où étaient
inhumés son père et son épouse, de somptueux ornements sacerdotaux, d'un magnifique calice, et
d'une couronne de lumière en vermeil, enrichie
d'émaux.

4me.

Joannes le Meingre Bocicaldus dictus Franciæ

Marescallus, Januensis Gubernator, Alesii, dominus Perthusii, comes, universis præsentes litteras
inspecturis salutem.

Cum nuper de bonis nobis a Deo collatis, unum
hospitale in honore Domini nostri Jesus Christi,
beatæ Virginis Mariæ ejus genitricis *in honores Beati
Jacobi apostoli* construi et ædificari fecimus, *in loco
Beatæ Catharinæ de l'ierbois,* ordinavimus que in eo loco unam capellaniam perpetuo fundatam in honore
Beati Jacobi, in qua, volumus unam missam dota-
verimus *de summa quinquaginta librarum Turonen-
sium,* reddituum annualium anno quolibet, *per Ca-
pellanum.* Qui dicta ecclesia, pro sacris divinis per-
cipiendum et habendum quem in hospitio quod
penes dictum hospitale construi et ædificari fecimus, illum residere volumus.

Sic per ipsum celebrare at celebrari facere
quolibet die dictam missam, secundum temporis
exigentiam, sub pœna privationis ipsius capellaniæ,
et omnium fructuum et emolumentorum ejusdem
capellaniæ. Quem et ejus successores, dictam capellaniam tenentes et obtinentes, eo casu ex nunc
prout et tunc collationem, provisionem et disposi-

tionem hujusmodi capellaniæ privare, ad nos successores nostros duximus retinendas et tenere debemus.

Notum autem facimus, quod audita vita laudabili, conversatione honesta, ac morum industria *domini Guillelmi Decani, præsbiteri Trecarensis diœcesis, terlii ordinis sancti Francisci,* gratia speciali ac pietatis intuitu, dedimus, cessimus, damus, cedimus et concessimus unam capellaniam, una cum suis jumbus pertinentiis et emolumentes universis mandantes ea propter, *clarissimo et fidelissimo germano nostro Geoffrido le Mingre dicto Boucicault militi.* Domini nostri regis consiliario et cambillario, *ac domino nostro dilecto Petro le Pingre, Atrebatensi præposito.*

In cujus rei testimonium præsentes litteras nostri fecimus appensione sigilli muniri. Datum *in villa nostra Perthusii,* anno Domini MCCCCVIII, die XXVII mensis januarii. Ita signatum per dominum marescallum et dominis Vivarensis episcopo præsentibus Guillelmo le Pingre Atrebatensis præposito, et Geoffrido le Mingre milite.

(Monsnier, tome Ier, page 271.)

5mo.

« Hoc autem anno magnanimus et illustris do-
« minus Joannes le Meingre, Boucicaldus, Fran-
« ciæ marescallus, hujus nominis secundus, vivis
« excessit in Anglia MCCCCXXI, ubi cum multis
« aliis Gallicæ proceribus, in campo d'Azincourt
« bello captus anno Domini MCCCCXV captivus
« detinebatur, unde corpus ejus in hanc sancti Mar-
« tini Basilicam allatum ut vivens testamento suo
« curaverat. Ibidem *in sacello beatæ Mariæ de Ca-*
« *pite a parte sinistra ingressus, e regione perillus-*
« *tris viri patris ejus,* ubi hic sepelitur, transfertur
« corpus infra epitaphium uxoris ejus Antonietæ
« de Turenna vicecomitissa, quod legi haud qua-
« quam potest. Cæterum vir iste tantus cum sit
« perenni memoria dignus, ne periret Deus pro-
« vidit præclara enim fama ea cognovit, dum vi-
« veret et certe non paulo post ejus obitum præ-
« scribi videtur.

(Monsnier, tome 2me, page 277.)

Nous voyons qu'il fut inhumé peu de temps
après son épouse, décédée en 1421, et que sa

vie fut écrite peu après sa mort. Le manuscrit
s'arrête à l'année 1409 ; les miniatures ne furent
point exécutées. Ce précieux manuscrit, publié en
1620, par Théodore Godefroid, est conservé à la
bibliothèque de la rue Richelieu, (Fonds Français,
numéro 11,432).

6me.

« Hocce anno obiit e vita nobilis Joannes le
« Meingre dictus Boucicault Avenioni, perillus-
« tris præsapia dominorum Boucicaldorum ulti-
« mus. Geoffridi Delphiniatus Proregis seu Gu-
« bernatoris filius, atque Delphinatus Proregis seu
« Gubernatoris post obitum patris sui. Qui cum
« anno 1484 transmitti Turonis ad ecclesiam Sancti
« Martini curavisset, ornamenta quam plura quæ
« ad usum capellaniarum a suis patre et aliis de-
« cessoribus in eadem Sancta Basilica instituto-
« rum fundatorum ut in superioribus suis osten-
« dimus locis donabat. Nunc testamento suo cavet
« corpus suum asportari in dictorum sacello de-
« cessorum dicto Boucicaldorum inhumari. Qua de
« causa legat et donat Decano, Thesaurario Ca-

« nonicis et Capitulo supradictæ ecclesiæ reliqua-
« ria ornamenta, cappas et alia hujusmodi magni
« pretii et valoris, ut ex acceptatione receptionis
« omnium instituit.

(Monsnier, tome 2ᵐᵉ, page 318.)

Nous voyons par ce passage que le dernier des
Boucicaut, qui remplit des charges dans l'État,
mourut à Avignon, en 1484. Le legs qu'il fait à la
Basilique, en souvenir de ses ancêtres, ne fut remis au Chapitre qu'en 1490, au moment du décès
de son frère Jéhan, mort à Tours. Les chanoines
dressèrent l'inventaire que voici : En présence de
*Jéhan Maraudon, escuier maistre d'ostel et Hégnier
d'Ausserre, seigneur de Saint-Maurice,* tous deux exé-
cuteurs testamentaires du dit défunt :

I. Une croix garnie de huict rubis balais, et de
soixante-quatre perles, de laquelle la patté est
d'argent doré seulement, le surplus d'or, en laquelle
est enchâssé, d'ung costé, une des épines de la
couronne de Notre-Seigneur Jésus-Christ.

II. Ung breviaire à l'usaige de Rome, couvert de velours bleu, garny sur les ais d'ung chascun costé de cinc lacs d'amour, avecque les coins, fermetures ou fermoirs estant d'argent doré. Le dict bréviaire commençant au second feuillet: *Si tu es ipse*, et finissant au pénultième qui est: *Finis atque virtus*.

III. Une autre petite croix en laquelle il y a du bois de la vraie croix et aussi des cheveux de Nostre-Dame et plusieurs aultres reliques.

IV. Ung missel au dict usaige de Rome, couvert aussy de velours bleu, garny de chascun costé de cinq bouillons d'argent doré avec un grand fermail d'icel même costé. Le dict missel commençant au second feuillet: *Reparationiis nostræ ventura*, et finissant au penultième qui est: *Pendens flos*.

V. Ung parrement pour le hault du grand autel de la dicte esglize, le dict parrement, de damas blanc, au milieu duquel sont les imaiges de Nostre-Dame tenant la figure de Nostre-Seigneur Jhesus-

Christ, et à chascun costé de la dicte imaige il y
en avait deux aultres, à sçavoir, Monseigneur
Sainct Martin, Monseigneur Sainct Anthoine, Monseigneur Sainct Fiacre, et Monseigneur Sainct Lau-
rent. Le dict parrement remply de grands feuillages et fleurons à filz d'or, bordé de velours bleu
enrichi de broderies d'or, dans lesquels chappelez
il y a Jhesus Maria.

VI. Le parrement d'en bas, ou seconde partie de
l'aultre, semblable, auquel il y a l'Annonciation
de Notre-Dame, garny de franges, de filz d'or et
de soie.

VII. Ung grand calice d'argent doré pied et
coupe, dedans et dehors, poisant VI marcs, les vi-
naigriers paisant chascun ung marc.

VIII. Une boëte pour tenir le pain à chanter,
dont la couvercle sert de paix, le tout d'argent
doré.

Nous terminons cette analyse en donnant des
renseignements sur le Doyen et le Trésorier de la

10

Collégiale qui, au nom du Chapitre, recueillirent
ce riche souvenir de cette noble et généreuse famille. A la fin du xvᵉ siècle le Doyen était un fla-
mand, Thomas de Lendas, d'une illustre maison de
Tournay. Conseiller privé du roi Louis XI, il dut
à ce prince cette haute position qu'il conserva
vingt ans, 1471-1491, époque de sa mort. Le Trésorier Jéhan Brèche était natif de Tours, il dut
à ses seuls mérites cette haute position, et conserva cette dignité plus longtemps encore, trente-
quatre ans (1488-1522).

IX

IX.

Il nous reste à décrire les monuments funéraires
de cette noble famille lesquels se voyaient dans
cette chapelle. Nous avons eu la bonne fortune de
retrouver à Paris, à la bibliothèque de la rue Richelieu, au volume LXXVI°, page 412 du fonds
Baluze la description minutieuse de ces édifices ;
et le dessin colorié du tombeau de Jéhan Boucicaut,
second du nom, maréchal de France, et de son
épouse Antoinette de Beaufort qui accompagne cette
notice :

« Le mausolée de Jéhan Boucicaut le père se
« trouvait à gauche en entrant dans la chapelle,

« et était antérieur à celui de son fils de plusieurs
« années. Il est bâti sous une arcade en pierre
« blanche, exhaussée de six pieds. Au-dessus du
« dit tombeau, était un vitrail, armoirié des écus-
« sons de cette famille, dont le bas est infiniment
« détérioré par la pluie. Il se divisait en quatre
« arcades, avec des niches en peinture, sous les-
« quelles sont représentées les figures qui suivent :

« 1° Saint Anthoine, à gauche ;

« 2° Saint Jean-Baptiste, à droite ;

« Dans les deux arcades du milieu se trouvent :

« 3° Saint Martin, à cheval ;

« 4° Saint Michel, combattant le dragon.

« Tout le reste de ce vitrail est de la même ar-
« chitecture que celui de son fils, dont nous allons
« donner la description. Il est à remarquer qu'au-
« dessus de la voûte qui recouvre le tombeau est
« une pierre, taillée en rond, où sont représentées
« les armoiries de cette famille, qui sont mi-parti
« *d'argent à une fasce de gueules, à la bordure de*
« *sable chargée de huict besants d'or*, qui est Liniè-

« res, et *d'argent à l'aigle éployée de gueules à deux*
« *têtes membrée et becquée de sable*, qui est Boucicault.
« Après la bataille d'Azincourt, 1415, le roi Char-
« les VI leur concéda par privilége, d'ajouter
« *une fleur de lys d'or posée en cœur*, le dit écusson
« est entouré de fleurons peints en rouge.

X

11

X.

« Le tombeau de Jéhan le Meingre Boucicault,
« maréchal de France, second du nom et d'Antoi
« nette de Turenne, son épouse, se voyait à droite,
« dans la chapelle de la Vierge, derrière le chœur
« de l'église de Saint-Martin de Tours, qui est te-
« nue pour une des plus belles et des plus grandes
« qui soient dans cette église. Ce monument est
« élevé de trois pieds au-dessus du sol. Là, se trou-
« vent la statue du maréchal et celle de sa femme
« lesquelles, pour les avoir jadis nettoyées, ont les
« mains et les jambes cassées.

« La statue du maréchal est la plus abîmée,

« ayant la tête séparée, qui est de marbre ainsi
« que les mains. Il est vêtu d'une casaque, où le
« sculpteur a représenté ses armes, *qui sont une*
« *aigle à deux têtes, dont les ailes lui servent de cous-*
« *sin.* A son col pend un collier long de trois doigts,
« qui est celui que le roi d'Angleterre ou de France
« lui donna en sa vie. Dans sa main il tient une
« épée, dont la poignée représente une tête d'ai-
« gle, le reste de la garde est comme les autres
« épées. Le tout de pierre.

« L'effigie d'Antoinette de Beaufort, couchée
« près de lui, vêtue des habillements de l'époque,
« qui sont armoiriés mi-parti Boucicaut, qui est
« *d'argent à l'aigle éployé de gueules à deux têtes*
« *membrées et becquées de sable,* mi-parti les siennes
« qui sont *d'argent à la bande d'azur accostée de six*
« *roses de gueules, trois en chef et trois en pointe,*
« *qui est Beaufort, et d'azur à trois bandes de gueu-*
« *les, qui est Turenne.* Ces armoiries sont ainsi dis-
« posées sur son vêtement : à droite celles du mari.
« à gauche les siennes. Mais le peintre qui les a
« reproduites dans le vitrail, qui se voyait au-des-
« sus de ce tombeau, les a indiquées en sens con-

« traire. De même que la statue du maréchal, celle
« d'Antoinette de Beaufort était affreusement mu-
« tilée, la tête, les pieds, et les mains se voyaient
« brisés ; ce qui eut lieu lors du pillage de l'église
« par les Huguenots, en 1562.

« Le reste du tombeau, enrichi de pilastres po-
« sés contre le mur, dont un rompu était recouvert
« d'une voûte à trois arcades, décorées ni d'écus-
« son, ni de peinture, sauf celle du milieu, qui est
« orné de fleurons. Devant le tombeau se voyaient
« trois chevrons décorés de six grandes feuilles de
« chêne en sculpture, et autour dudit mausolée ré-
« gnait une espèce de moulure en corniche. Enfin
« au-dessus de ce monument était une vitre ma-
« gnifique par la délicatesse de sa peinture, dont
« voici la description :

« Ce vitrail se divisait en quatre parties :

« A droite se voyait Antoinette de Beaufort,
« agenouillée devant un prie-Dieu, revêtue d'un
« habillement telle qu'elle était représentée sur sa
« tombe, sauf sa coiffure sertie d'un collier de per-
« les. Son vêtement de couleur orange et tout
« brodé de fleurs rouges, lui laissait le sein dé-

« couvert, cette robe était armoiriée mi-parti Bou-
« cicaut, mi-parti Beaufort-Turenne. Derrière elle
« se tenait son patron monseigneur saint An-
« thoine.

« A gauche se voyait saint Jean, patron du ma-
« réchal, lequel avait dans ses bras une Vierge en
« pamoison. Le centre du vitrail, divisé en deux,
« était décoré de fleurs et de feuillages.

« Au-dessus de ces quatre arcades, dans le mi-
« lieu, se trouvait la figure du Père Éternel, te-
« nant le monde dans sa main et donnant sa béné-
« diction. Aux angles, quatre médaillons où sont
« représentés les Évangélistes. Dans le bas de
« cette composition, deux petites rosaces, à droite
« les armes d'Antoinette de Turenne, entourée
« d'une couronne de verdure, à gauche l'écusson
« du maréchal serti de lauriers. »

La sépulture du premier des Boucicaut fut re-
trouvée en 1804 après la totale démolition de la
Basilique, commencée en 1796. Le maréchal était
représenté le casque en tête, visière baissée, et le
bâton, insigne de sa dignité, en sa main. Cette statue fut brisée lors de l'arrachement des ruines de

l'église. Ce monument funéraire qui mesurait six
pieds de hauteur, fut retrouvé sous la tombe, placé là,
lors de la violation de ces tombeaux par les Huguenots. Il n'y eut aucun procès-verbal de constatation
et il fut enseveli en notre présence par le proprié-
taire, acquéreur de la chapelle. Les ouvriers re-
trouvèrent ces statues à une profondeur de huit
pieds, ce qui prouve l'exhaussement du sol de la
Basilique depuis sa primitive construction.

(Inventaire manuscrits des archives municipales de
Tours.)

Nous devons maintenant quelques lignes sur les
alliances de famille. Nous savons que Geoffroy,
veuf, en 1406, de Constance de Saluces, épousa, en
secondes noces, Isabeau, fille de Louis de Poitiers
comte de Saint-Vallier, et de Catherine de Giac,
sa première femme. A la mort de son frère Jéhan,
1421, il recueillit tous ses biens, qui passèrent, à
sa mort, 1429, à ses deux fils Louis et Jéhan. Dé-
cédés sans enfants, ils léguèrent leurs biens à Aymar de Poitiers, leur cousin, qui avait épousé Marie de France, fille naturelle du roi Louis XI et de
Marguerite de Sessenage, femme d'Amblard de

Beaumont. Marguerite de Sessenage était parente des Boucicaut, étant fille d'Henri, seigneur de Sessenage et d'Antoinette de Saluces, nièce de Geoffroy. Aymar de Poitiers étant mort, 1486, ce fut son fils Jéhan, père de la célèbre Diane de Poitiers, duchesse de Valentinois, qui hérita quatre ans après, 1490, au décès de Jean IV le Meingre Boucicaut, de tous les biens, à la seule condition qu'il écartellerait son écusson des armes de cette famille. Enfin Monsieur Paulin Paris vient de retrouver le manuscrit des poésies du glorieux vaincu d'Azincourt. Si ce modeste travail peut aider l'éditeur de ces œuvres, nous aurons rempli notre désir.

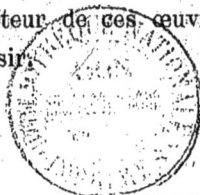

RALUZE VOIR LXXVI PAGE 412.

TOURS, IMP. LADEVÈZE.

TOMBEAU
DE JEHAN BOUCICAULT, SECOND DU NOM
ET D'ANTOINETTE DE TURENNE
VICOMTESSE DE BEAUFORT, SON ÉPOUSE

www.ingramcontent.com/pod-product-compliance
Lightning Source LLC
LaVergne TN
LVHW050648090426
835512LV00007B/1088